Das nächste Level der Kryptowährung Investition

Erweiterte Strategien für den Aufbau von Reichtum mit
Bitcoin und Kryptowährungen

Wayne Walker

Dieses Buch wurde mit dem Ziel geschrieben, möglichst genaue und zuverlässige Informationen bereitzustellen. Bei Bedarf sollten Fachleute konsultiert werden, bevor Sie eine der hier empfohlenen Maßnahmen ergreifen.

Diese Erklärung wird sowohl von der American Bar Association als auch vom Committee of Publishers Association als fair und gültig erachtet und ist in den gesamten Vereinigten Staaten rechtsverbindlich.

Darüber hinaus wird die Übertragung, Vervielfältigung oder Reproduktion eines der folgenden Werke, einschließlich präziser Informationen, als illegale Handlung betrachtet, unabhängig davon, ob sie elektronisch oder in gedruckter Form erfolgt. Die Rechtswidrigkeit erstreckt sich auch auf die Erstellung einer Zweit- oder Drittkopie des Werkes oder einer aufgezeichneten Kopie und ist nur mit ausdrücklicher schriftlicher Genehmigung des Verlages erlaubt. Alle weiteren Rechte sind vorbehalten.

Die Informationen auf den folgenden Seiten werden im Großen und Ganzen als wahrheitsgemäße und genaue Darstellung von Tatsachen betrachtet, und als solche fallen alle daraus resultierenden Handlungen ausschließlich in den Verantwortungsbereich des Lesers, wenn er die Informationen nicht beachtet, sie verwendet oder missbraucht. Es gibt keine Szenarien, in denen der Herausgeber oder der Autor dieses Werkes in irgendeiner Weise für Schwierigkeiten oder Schäden haftbar gemacht werden können, die ihnen nach der Aufnahme der hier beschriebenen Informationen entstehen könnten.

Inhaltsverzeichnis

Kryptowährungen (außer Bitcoin): Was können sie?... 5

Nach all dem Hype Was sollten Sie wirklich in Ihrem Krypto-Portfolio haben? 9

Heben Sie Ihre Krypto-Portfolio Diversifizierung auf das nächste Level 13

ICOs im Überblick: Das Gute und was zu beachten ist.. 17

Zu vermeidende Fallen bei der Umstellung Von Forex zum Kryptowährungshandel .. 23

Krypto-Börsen: Front-Running und Preisgestaltung 29

Sicherheit für Ihr Konto.. 33

Die neue Welt der staatlich unterstützten Kryptowährungen 37

Was in naher Zukunft von Kryptowährungen zu erwarten ist....................................... 41

Krypto-Händlerzone 47

Bitcoin und Altcoin Handel 49

Handels-Taktiken 55

Das Ganze zusammenfügen 61

Technische Krypto Analyse Toolbox 67

Technische Analyse Indikatoren.. 73

Ihre nächsten Schritte 81

Fazit.. 85

Wesentliches Bitcoin Krypto-Vokabular 89

Profil des Autors... 95

Kryptowährungen
(außer Bitcoin): Was können sie?

Von den vielen Menschen, die immer noch in Ehrfurcht vor den erstaunlichen Preisbewegungen nach oben sind, die wir bei einer Menge der Kryptowährungen gesehen haben, erhalte ich eine Frage mit Abstand am häufigsten von meinen Studenten: "Was können sie denn?" Bitcoin steht natürlich im Rampenlicht, aber über die anderen Kryptos haben die meisten Leute keine Ahnung. Lassen Sie uns zunächst einen Blick auf die populäreren Münzen werfen und machen wir uns später einige Gedanken zu den Marktbewegungen.

Ethereum (ETH) – Programmierbare Verträge

Bitcoin (BTC) – Geld bewegen, Transaktionen abwickeln, ein digitaler Vermögenswert

Dash (DASH) – Hauptmerkmal ist die Privatsphäre

Monero (XMR) – Privates digitales Bargeld

Litecoin (LTC) – Ähnlich wie Bitcoin, aber schneller

Ripple (XRP) – Zahlungsabwicklungsnetzwerk für Unternehmen

NEO (NEO) – Ethereum für den chinesischen Markt

Warum haben sie so viel an Wert gewonnen?

Neben der Frage, welchem Zweck Kryptowährungen dienen, ist das nächste heißeste Thema die Frage nach den Marktbewegungen. Die Geschichte, die ich oft im Unterricht erzähle, handelt davon, wie ich im Mai 2017 zu einer Geschäftsreise nach New York City reiste. Damals wurde Bitcoin bei etwas über 2.200 Dollar gehandelt, als ich im August nach Europa zurückkehrte, lag er bei über 4.000 Dollar.

Was war nun im August grundlegend anders an Bitcoin, um fast eine Verdoppelung des Preises zu rechtfertigen? Oberflächlich betrachtet nicht viel, aber Bitcoin und Kryptowährungen im Allgemeinen basieren auf dem Vertrauen in die Systeme, die sie unterstützen. In diesem Sinne ist der Höhenflug von Bitcoin über $19.000 und die atemberaubenden Zuwächse der Altcoins für jeden, der eine Grenze für das setzt, was "vernünftig" ist, eindeutig Wunschdenken. Es gibt hier keine exakte Wissenschaft oder Logik.

Wie Sie sie handeln sollten

Vor meinem Hintergrund und meiner Ausbildung innerhalb der Kapitalmärkte, sowie Forex speziell, sind viele der Coins in einem extremen überkauften Gebiet. Laut einigen der Berichte, die ich von verschiedenen Analysten gelesen habe, wird Bitcoin weiterhin massive Gewinne machen. Ich kann nicht mehr wirklich über sie lachen oder mein ganzes bisheriges Training anwenden. Was man jedoch anwenden kann, und ich empfehle dies jedem der mit irgendeiner Anlageklasse handelt, ist "Scheitern überlebensfähig zu machen". Das ist jedoch nicht mein Zitat, denn es ist unter Ingenieuren und Menschen, die mit Startups zu tun haben, sehr bekannt. Investieren oder handeln Sie mit Risikokapital über mehrere der Coins, die ein ausreichendes Volumen haben, so dass Ihre Fähigkeit zum Ein- und Ausstieg relativ einfach ist, verteilt. Ich bin mir bewusst, dass es viele Ansichten darüber gibt, was ein ausreichendes Volumen ist. Für mich, muss ich mindestens ein 1.000.000 plus sehen. Schließlich können Sie Kryptos auch als Absicherung für Ihre Investitionen oder Ihren Handel betrachten. Sie qualifizieren sich, weil sie als Anlageklasse nicht mit anderen Vermögenswerten wie z. B. Aktien oder Rohstoffen korrelieren. In den späteren Kapiteln werden wir die besten Handelspraktiken für den Krypto-Handel näher beleuchten.

Nach all dem Hype

Was sollten Sie wirklich in Ihrem Krypto-Portfolio haben?

Selbst für den durchschnittlichen Beobachter waren der Herbst 2017 und die ersten beiden Quartale 2018 ein wilder Ritt bei den Kryptowährungen. Es scheint, als ob, wie ich in Artikeln im Internet geschrieben hatte, der Hype abflauen würde und wir mit echtem Krypto-Handel und -Investieren weitermachen können. Tatsächlich ist vieles von dem, was ich geschrieben habe (weniger Hype, mehr Regulierungen), wahr geworden.

Ich schreibe nicht mit einer "Ich hab's ja gesagt"-Einstellung, dass der Hype Urlaub macht, sondern weil der Hype für das langfristige Wohl der Kryptowährungen einen Urlaub braucht. Ich bin mir bewusst, dass viele Menschen verbrannt wurden und ihre Konten ein paar K.O.-Schläge einstecken mussten. Um ehrlich zu sein, haben einige die Kryptowährungen ganz aufgegeben. Die Mehrheit der ausscheidenden Krypto-Händler sind diejenigen, die sich weigerten oder es versäumten, eine Ausbildung oder qualifizierte Beratung zu erhalten, bevor sie eintauchten. Ich habe in meinen anderen Büchern die Wichtigkeit der Diversifikation betont. Ein wichtiges Konzept bei allen Anlageklassen, aber bei Kryptos geht es von "gut zu haben" zu "MUSS HABEN". Dieses Diversifikationskonzept ist nichts Magisches oder ein tiefes Geheimnis. Allein die Kenntnis der grundlegenden Handelsprinzipien zusammen mit der technischen Analyse hätte vielen mit ihrer Strategie und vor allem ihrer Einstellung geholfen.

Die Realität

Die Tatsache ist, dass die Volatilität, die wir mit Bitcoin gesehen haben, in der Vergangenheit tatsächlich stärker war. Kryptos wie andere Märkte können tatsächlich nach unten gehen, dieser Punkt schien für einige eine neue Idee zu sein. Als wir den Run mit Bitcoin von $10.000 auf über $19.000 schneller hatten, als selbst der größte Fan sich das hätte vorstellen können, war die Kehrseite vergessen. Der Rückgang des Hypes hat dazu beigetragen, den Markt reifen zu lassen, und er hat auch die Händler gezwungen, einen strategischeren Blick auf den Sektor zu werfen. Ein weiteres Plus, der Bitcoin-Ausverkauf hatte den Vorteil, dass mehrere Altcoins ins Rampenlicht treten konnten, zum Beispiel Stellar.

Das Portfolio

Was ich in ein Portfolio für 2018 und darüber hinaus aufnehmen würde:

Bitcoin, Ethereum, Ripple, Cardano, Stellar, NEO, Litecoin, EOS, und Nem. Sie sind nach meinem Prinzip ausgewählt, dass Investoren oder Händler ein diversifiziertes Portfolio von Kryptos haben sollten und nur diejenigen mit guter Liquidität (nach Krypto-Standards) handeln. Alle ausgewählten sind in den Top 15 in Bezug auf die Marktkapitalisierung.

Sowohl neue als auch erfahrene Krypto-Enthusiasten sollten sich der einzigartigen Merkmale der einzelnen Coins bewusst sein. Jedes Krypto-Asset hat seine eigenen Merkmale in Bezug auf das Marktverhalten. Wir haben auch gesehen, dass Altcoins ihre eigenen Preishistorien haben. Es ist nicht so einfach zu sagen, wie in der Vergangenheit gesagt wurde, dass, was auch immer Ethereum oder Bitcoin auf dem Markt tun, die anderen Coins mit ähnlichen Preisbewegungen reagieren werden. Zum Beispiel hat der Rückgang von Bitcoin nicht zu einem gleichwertigen Rückgang bei vielen Altcoins geführt. Im Gegenteil, mehrere haben im Wert zugelegt.

ICOs

Außerhalb meiner Liste der vorgeschlagenen Coins gibt es auch noch Platz für ein oder zwei spekulative ICOs. Dies wird mit dem Wissen betrachtet, dass viele, aber NICHT alle, Betrug sind. Sobald Sie Ihre Kryptos ausgewählt haben, besteht der nächste Schritt zur weiteren Diversifizierung des Portfolios darin, sicherzustellen, dass Sie den richtigen Branchenmix haben. Die Mehrheit der Investoren verpasst dieses kritische Detail bei der Zusammenstellung eines Portfolios.

Heben Sie Ihre Krypto-Portfolio

Diversifizierung auf das nächste Level

Seriöse Investoren sind in der Regel mit der Idee vertraut, dass Vielfalt in einem Portfolio wünschenswert ist. Ob man nun typischerweise sichere Staatsanleihen oder volatile Kryptowährungen handelt, Diversifikation ist eine Sache, auf die wir uns alle einigen können. Das gilt besonders, wenn man weiß, dass etwa 1.000 Personen 40 Prozent des Bitcoin-Marktes besitzen, die sogenannten "Bitcoin-Wale". Die Wale gibt es übrigens auch in anderen Coins.

Was ich tun werde, ist, das Konzept zu erweitern und mehr von den Strategien zu teilen, die hochvermögende Krypto-Investoren mit ihren Portfolios verwenden. Wie ich in einigen meiner Artikel behandelt habe, sollten Sie darauf abzielen, ein Portfolio mit einer Mischung aus Kryptos zu haben, um den Wahnsinn zu vermeiden, Ihr ganzes Geld in Bitcoin oder Ethereum zu haben. Der erste Schritt, um Ihre Diversifizierung spürbar zu erhöhen, ist die Diversifizierung nach Sektor, wie in der Funktion, und oder Hauptzweck der Coins.

Krypto-Vielfalt nach Sektor

Diese Sektoren beinhalten: Token, Konventionell, Smart Contracts, Abrechnungsnetzwerke, Datenschutz, Overlay-Dienst. Die aufgeführten Vorschläge sind genau das, Vorschläge. Dies ist offensichtlich nicht eine vollständige Liste von allen Coins aus jedem Sektor. Die Liste ist jedoch ein guter Startpunkt bei der Zusammenstellung Ihres Portfolios.

Die Sektoren und mögliche Münzen

Token: Stratus, EOS

Smart Contracts: NEO, Ethereum, Cardano

Datenschutz: Monero, Dash, Zcoin

Konventionell: Litecoin, IOTA, NEM

Abrechnungsnetzwerke: Stellar, Ripple

Krypto-Vielfalt nach Börsen

Die Vielfalt der Börsen wird im Risikomanagementprozess oft übersehen. Dieses Versäumnis war 2017 besonders schmerzhaft, als mehrere der bekanntesten Börsen in Ost und West Probleme hatten, den Marktansturm zu bewältigen. Diese Probleme zeigten sich in Form von: überlasteten Servern, ausgefallenen Websites und für viele war das Schmerzhafteste, dass sie nicht in der Lage waren, Gewinne zu beheben. Der Markt ist rund um die Uhr geöffnet und große Bewegungen können jederzeit auftreten, daher ist die Fähigkeit zur Ausführung von größter Bedeutung. Sie beginnen den Prozess, indem Sie sorgfältig nach einer Mischung von Faktoren auswählen, einschließlich: ob reguliert oder nicht, das Land, Geschwindigkeit der Banküberweisungen, Marktreputation, etc.

Ausweitung des Vorsprungs

Allein durch die Einbeziehung der Vielfalt der Börsenschritte werden Sie einen deutlichen Vorsprung vor vielen Investoren haben. Um Ihren Vorsprung auszubauen, sollten Sie im nächsten Schritt die Gewichtung der einzelnen Sektoren oder Coins in Ihrem Portfolio berücksichtigen. Wenn Sie z.B. 4 Coins in einem Sektor haben, bekommen diese dann jeweils 25% Ihrer Mittel zugeteilt, oder bei 4 Sektoren, bekommen diese dann jeweils 25%? Die endgültige Zusammensetzung berücksichtigt viele Faktoren, zum Beispiel Ihre Risikotoleranz, Ihr Engagement in anderen Anlageklassen und die Größe Ihres Kontos. Dies sind einige der Dinge, die ich mit meinen Kunden bearbeite, um ihnen zu helfen, ein Gefühl der Sicherheit zu bekommen.

Sie setzen dann den Prozess fort, indem Sie sehen, wie viel Prozent der Mittel bei jeder Börse sind. Der Krypto-Markt bleibt meist unreguliert, wenn Ihr Exchange pleitegeht, gibt es sehr wenig Hilfe von der Regierung. Daher muss Ihnen bewusst sein, welcher Prozentsatz der Mittel bei jeder Börse sitzen, da es ein notwendiger Teil Ihres Risikomanagements ist.

ICOs im Überblick:
Das Gute und was zu beachten ist

Laut einer aktuellen Umfrage wusste die Mehrheit der amerikanischen Erwachsenen nicht, was ein ICO ist. Ein Initial Coin Offering (ICO) ist ähnlich wie ein Initial Public Offering(IPO). Bei einem IPO werden die Investoren gebeten, Aktien eines Unternehmens zu kaufen, um Kapital zu beschaffen. Bei ICOs kaufen Investoren jedoch die zugrundeliegenden Krypto-Token im Austausch für Bitcoin oder Ether.

Die erste ICO war das Mastercoin-Projekt im Jahr 2013 von J R Willet. Es sammelte 500.000 $ in Form von 5.000 Bitcoins. Die Investoren kauften Mastercoins im Austausch gegen Bitcoins. Die 5.000 Bitcoins, die MasterCoin im Jahr 2013 aufbrachte, waren im Juni 2018 etwa $41 Millionen wert.

Heiß und riskant

ICOs waren und bleiben ein heißer und riskanter Sektor des Krypto-Universums. Wie im zweiten Kapitel erwähnt, muss man mit ihnen vorsichtig sein. Es gab Vergleiche mit der Dot-Com-Blase (1997-2001), aber die Leute sollten auch im Hinterkopf behalten, dass die Dot-Com- Blase die Gelegenheit für Mega-Unternehmen wie Ebay und Google bot, zu expandieren.

Notwendige Antworten

Als informierter Investor müssen Sie überprüfen, ob das Projekt wirklich Blockchain-Technologie benötigt. Kann das Projekt des ICO durchgeführt werden, ohne dass es ein Teil einer Blockchain ist? Wenn ja, dann könnte dieses ICO nur ein Versuch sein, auf den ICO-Trend aufzuspringen.

In paar der anderen Fragen, die von jedem ICO beantwortet werden müssen: Was ist der Sinn der Coins? Welches Problem wird damit gelöst? Ist es wirklich ein Problem? Sie müssen auch überprüfen, ob das Problem, das sie lösen wollen nicht bereits von einem anderen Coin gelöst wurde. Denn wenn Sie durch einige White Papers lesen können Sie schneller erkennen, ob Sie es mit einem Klon eines Coins zu tun haben.

ICO-BETRÜGERN AUF DIE SPUR KOMMEN!

Einige der besten Warnzeichen, dass Sie es mit Betrügern zu tun haben

- Sie zu erreichen ist schwierig. Die Telefonnummern, die sie haben, können nicht durch eine einfache Websuche gefunden werden

- Das White Paper ist in der Regel kurz (unter 10 Seiten) und enthält grundlegende Grammatik- oder Rechtschreibfehler

- Die Qualität der Website ist gering oder sie haben einen kostenlosen Dienst zur Erstellung verwendet

- Ihre "Über uns"- und Registrierungsangaben sind fragwürdig oder fehlen

- Der CEO oder die Berater können nicht auf LinkedIn oder anderen professionellen Kanälen gefunden werden

Seien Sie vorsichtig mit Websites, die ICOs prüfen

ICOs sind größtenteils unreguliert, was viele Menschen zu ICO-Bewertungsseiten führt, um eine zweite Meinung zu erhalten.

Unerfahrene Investoren sind bei der Informationssuche besonders vertrauensvoll gegenüber ICO-Bewertungsplattformen.

Bewertungsplattformen waren unter Experten schon immer verdächtig, weil es einfach ist, ICO-Bewertungen zu kaufen. Grundsätzlich sind die angebotenen Ratings nicht immer unabhängig.

"ICO-Ratings von den Experten" ist das, was einige ICO-Rating-Plattformen auf ihren Websites anpreisen, um das Vertrauen von Investoren zu gewinnen, die nach Informationen suchen. Ein netter Anspruch, aber Untersuchungen der Websites zeigten, dass ICO-Ratings und Sichtbarkeit nicht immer unparteiisch sind. Die Ergebnisse sind erschreckend: Sie zahlen, um zu spielen! Viele Plattformen sind nichts anderes als Marketingseiten, die an diejenigen verkaufen, die bereit sind zu zahlen. Sie bieten oft vorrangige Listing-Dienste im Austausch für die Zahlung. Unterm Strich, lesen Sie die Bewertungen mit dem Wissen, dass sie gekauft sein können.

Zu vermeidende Fallen bei der Umstellung

Von Forex zum Kryptowährungshandel

Der erfolgreiche Übergang von Forex zu Kryptowährungen ist für viele Trader eine Herausforderung. Vieles von dem, was ich teilen werde, basiert hauptsächlich auf meiner Erfahrung bei dem Übergang zu Kryptowährungen. Daher ist es keineswegs der einzige Weg.

Das erste, worüber Sie sich bewusst sein sollten, ist, dass vieles von dem, was Sie vom Handel am Spot-Forex wissen, auf Kryptowährungen angewendet werden kann, aber es gibt einige entscheidende Unterschiede. Diese Unterschiede können, wenn sie ignoriert werden, fatal für Ihr Konto sein.

Die wichtigste Tatsache, mit der sich Forex-Händler auseinandersetzen müssen, ist, dass sie nicht mit Fiat-Währungen wie dem Euro oder dem US-Dollar handeln. Kryptowährungen sind in keinem Land gesetzliches Zahlungsmittel, sie sind keine Währungen im traditionellen Sinne. Um es anders auszudrücken: Wenn Sie in Ihren örtlichen Coffee Shop gehen, sind sie nicht verpflichtet, Bitcoin als Zahlungsmittel zu akzeptieren.

Wäre der Coffee Shop in Madrid und Sie hätten Euros, müssten sie diese akzeptieren, da der Euro in Spanien gesetzliches Zahlungsmittel ist.

Kryptowährungen sind auch den regulatorischen Launen der Regierung unterworfen. Ein Land könnte ohne Vorwarnung eine Kryptowährung oder eine Kryptowährungsbörse verbieten. Bei Fiat- Währungen hingegen ist dies kein alltägliches Risiko. Es ist extrem unwahrscheinlich, dass Sie morgen mit einer Schlagzeile aufwachen: "Der Handel mit dem US-Dollar wurde in den USA verboten" oder "Der Staat New York hat den Handel an der NYSE für Einwohner für illegal erklärt."

Das andere Problem, mit dem wir es zu tun haben, ist die Technologie. Kryptos können programmiert werden und ich kenne keine programmierbaren Fiats. Wir haben auch bei mehreren der Kryptos entdeckt, dass sie nicht in der Lage gewesen sind, bis zu ihren angegebenen oder versprochenen Fähigkeiten zu leben. Dies beinhaltet nicht einmal die Fälle, in denen es offener Betrug war.

Neue Regeln für den Nachrichtenhandel

Die normalen Strategien des Handels mit Wirtschaftsnachrichten in Fremdwährungen sind nicht direkt anwendbar. Zum Beispiel wird ein Non-Farm-Payrolls-Jobbericht oder eine Zinsankündigung der Bank of England wenig bis keinen Einfluss auf Litecoin haben. Ihre Erfahrung im Umgang mit Reaktionen auf Nachrichten kann jedoch auch auf Kryptowährungen angewandt werden. Ein Konzept, das vielen Forex-Händlern vertraut ist, ist die Überreaktion des Marktes auf Nachrichten. Überreaktion auf Nachrichten ist fast ein Klischee im Kryptowährungshandel, weil die meisten Händler sowohl neu als auch mit der Marktvolatilität nicht vertraut sind. Darüber hinaus haben Sie gedankenlähmende Ebenen des Wahnsinns, die mich am Kopf kratzen lassen, wenn ich die Geschichten von Leuten höre, die ihre Kreditkarten ausgereizt haben, nur um Bitcoins zu kaufen. Wenn ich in einer solchen Situation wäre, würde ich wohl auch überreagieren.

Technische Analyse mit 25.000% Rendite

An der Front der technischen Analyse ist vieles von dem, was Sie bereits über Unterstützung und Widerstand wissen sollten, nützlich. Was neu ist, ist, dass Sie die strenge Interpretation der Unterstützung / Widerstand Ebenen aussetzen. Sie haben Kryptos, die leicht 100% pro Monat springen können. Bei vielen technischen Indikatoren würde dies als massiv überkauft gelten, jedoch ist mit Kryptos ein gewisses Maß an Glauben erforderlich. Einige Beweise, der Pantera Bitcoin Fund kehrte mit 25.000% (gestartet im Jahr 2013) oder Ripple mit 35.000% Rendite für 2017 zurück. Keine

Tippfehler, beide sind leicht überprüfbar mit einer einfachen Google-Suche. Der beste Weg, um mit Bewegungen wie diesen umzugehen, ist zu erkennen, dass das, was passiert, nicht sein soll, aber geschieht. Wie ich bereits geschrieben habe, befinden wir uns in einem neuen Krypto-Universum, das sich mit jedem Tag erweitert und verändert. Was heute legal ist, kann morgen plötzlich illegal sein. Was Sie am Morgen gelesen und für wahr gehalten haben, kann sich bis zum Mittagessen als "Fake News" herausstellen.

Die Wale von Bitcoin und Kryptos im Allgemeinen sind ein echter Faktor, mit dem man umgehen muss. Wie bereits erwähnt, kontrollieren sie mehr oder weniger 40 Prozent des Marktes. Das ist in jeder anderen Anlageklasse unerhört. Diese Wale können je nach Laune Ihre wochenlang sorgfältig geplante Analyse und Strategie zerstören.

Der Eintritt der institutionellen Marktteilnehmer, wie z.B. Goldman Sachs und andere, wird "smartes" Geld, aber vor allem Liquidität in den Markt bringen.

Wenn sie mit riesigen Kapitalbeträgen in den Markt eintreten, signalisiert dies den anderen Marktteilnehmern, dass Kryptowährungen etwas sind, das man ernst nehmen sollte.

Insgesamt ist dies besser für Händler im Allgemeinen, da es zusammen mit den anderen erwähnten Vorteilen zur Reifung des Marktes beitragen wird.

Die New York Stock Exchange (NYSE) hat Anfang 2018 signalisiert, dass sie die Einführung einer Plattform prüft, die es institutionellen Kunden ermöglicht, Bitcoins zu handeln und zu speichern. Allein diese Nachricht könnte ein Signal sein und die Grundlage für einen weiteren

Preisanstieg von Bitcoin und Kryptos im Allgemeinen auf lange Sicht bilden.

Tod des Puristen

Ein Purist der fundamentalen oder technischen Analyse zu sein, wird Sie nur mit einem unterdurchschnittlichen Konto dastehen lassen. Daher benötigen Sie eine robuste Risikomanagement- Strategie, die viele der Werkzeuge verwendet, die Ihnen vertraut sein sollten. Sie verwalten das Risiko, indem Sie als Grundlage meine nicht verhandelbare Regel verwenden: Sie müssen in der Lage sein, einen Misserfolg zu überleben, was bedeutet, dass Sie nur das handeln, was Sie sich leisten können zu verlieren. Nur so pflegen Sie ein vielfältiges Portfolio von Kryptos und den Handel mit denen guter Liquidität.

Krypto-Börsen:

Front-Running und Preisgestaltung

Der Umgang mit Börsen ist ein Teil des Handels und bei Kryptos gibt es einige Probleme, die vielen Investoren nicht bewusst sind. Das Positive ist, dass Sie mit dem Markt 24/7 handeln können, wann immer es Ihnen gefällt. Die unangenehme Realität ist das Front-Running Ihrer Trades durch die Börsen. Front-Running ist, wenn ein Makler einen Handel vor dem seiner Kunden eingibt, in der Regel vor einem großen Handel, der wahrscheinlich den Preis einer Krypto, Aktie, etc. beeinflussen wird. Dies ist sowohl unethisch als auch illegal in den regulierten Märkten. Ein Großteil der Kryptowelt ist jedoch unreguliert, daher haben Börsen Spielraum. Es ist allgemein bekannt, dass diese Praxis auf dem Markt weit verbreitet ist. Meistens wird es mit großen Trades gemacht, weil es einen größeren Anreiz gibt, vom Front-Running zu profitieren. Wenn Sie mit Kleinstbeträgen von Bitcoin handeln, sollte es Sie nicht wirklich betreffen.

Preisgestaltung und Spreads

Das andere heiße Thema bei Börsen ist die Preisgestaltung. Typischerweise auf regulierten Börsen, zum Beispiel mit Aktien, werden Sie in der Regel die besten Geld- und Briefkurse bekommen. Dies ist viel schwieriger mit den Krypto-Märkten zu erreichen, weil das Angebot so fragmentiert ist. Der tatsächliche Preis, zu dem Sie ausgeführt werden, variiert stark von der Börse, die Sie als Handelspartner nutzen. Eine der wichtigsten Variablen ist, wie robust die Matching Engine ist, die sie verwenden. Eine Trade-Matching-Engine ist eine Software, die von elektronischen Börsen verwendet wird, sie gleicht Gebote und Angebote ab, um Trades abzuschließen. Es werden Algorithmen verwendet, um die Zuordnung durchzuführen. Zusätzlich zu den beiden Hauptproblemen, die ich erwähnt habe, könnten Sie auch auf Latenzprobleme stoßen, wenn Sie einen Algorithmus verwenden.

Ein Spread ist die Differenz zwischen dem Kauf- und Verkaufspreis. Die Spreads für Kryptos sind im Vergleich zu anderen Märkten riesig. So riesig, dass es einer der hitzigsten Bereiche von Beschwerden auf der Krypto-Händler Veranstaltung war, die ich vor kurzem in New York City besucht habe. Wie wir bei anderen Märkten gesehen haben, wird jedoch erwartet, dass die Spreads mit der Zeit abnehmen werden.

Das alles soll kein Börsen-Bashing sein, sondern eine Warnung für Händler. Dies ist besonders wichtig für neue Händler und Investoren, die sich oft nicht bewusst sind, womit sie es zu tun haben, wenn sie einen Handel platzieren. Exchanges haben eine wichtige Rolle auf dem Markt und denken Sie daran, die Cryptocurrency-Welt bleibt relativ neu und es gibt viel Raum für Verbesserungen.

Sicherheit für Ihr Konto

Bei Kryptowährungen liegt der Großteil der Verantwortung für die Sicherheit bei Ihnen, dem einzelnen Benutzer. Wenn Sie sich entscheiden, eine Börse zu verwenden, werden sie ihre Rolle spielen, aber am Ende sind Sie verantwortlich. Einer der Gründe, warum die Sicherheit bei Blockchain-Transaktionen so ein großes Thema ist, ist, dass sie unveränderlich sind und nicht rückgängig gemacht werden können, sobald sie durchgeführt wurden. Wenn Sie zum Beispiel versehentlich Geld an eine andere Partei senden, sollten Sie die Gelder als verloren betrachten, es sei denn, sie haben die Absicht, es zurückzugeben. Dies ist ein Vorteil und ein Risiko von Kryptowährungen.

Warum ist ein ganzes Kapitel über Sicherheit notwendig?

Über $1 Milliarde in Kryptowährungen wurde innerhalb der letzten Jahre gestohlen. Der größte Diebstahl war bei Coincheck, 2018, mit einem Verlust von $500M, die bekannte Mt. Gox 2014, hatte einen geschätzten Verlust von $480M, und Parity Wallet 2017 einen geschätzten Verlust von $155M. Dies sind nur ein paar Beispiele und ich habe nur bekannte Diebstähle aufgeführt.

Einige der häufigsten Angriffsmuster

- Phishing: Benutzerdaten einschließlich 2FA (Zwei-Faktor-Authentifizierung) werden auf einer gefälschten Website, typischerweise per E-Mail gestohlen. Die Daten werden später auf der echten Seite eingegeben, nachdem sie von der gefälschten Seite abgefangen wurden.

- Viren, die Schlüssel protokollieren, verfolgen die Anmeldedaten des Benutzers, wenn er sich anmeldet und kompromittieren dann das Konto

- Copy-and-Paste-Viren kapern Ihre Einfügefunktion und veranlassen Sie, bei Überweisungen die Adresse eines Angreifers einzugeben

- ICO-Seiten wurden von Betrügern kopiert und ersetzt. Seien Sie daher besonders vorsichtig, wenn Sie an ICOs teilnehmen. Überprüfen Sie, ob sie legitim sind.

Mittlere bis fortgeschrittene Sicherheitspraktiken

- Lassen Sie sich nicht phishen. Klicken Sie niemals auf einen Link und loggen Sie sich nicht aus einer E-Mail aus ein.

- Verwenden Sie nicht Ihre normale E-Mail für Ihr Krypto- Handelskonto

- Verwenden Sie immer Zwei-Faktor-Authentifizierung

- Verwenden Sie unterschiedliche E-Mails für jede Kryptowährungsbörse

- Verwenden Sie eine vertrauenswürdige Antiviren-Software und vermeiden Sie fragwürdige Websites, die Ihren Computer gefährden könnten

- Entfernen Sie die Coins, mit denen Sie kurzfristig nicht handeln wollen, von der Börse

- Verwenden Sie einen separaten Computer, der nur für den Krypto-Handel verwendet wird

- Bewahren Sie so viele Coins wie möglich in einer Hardware-Wallet auf

- Wallet-Apps auf Ihrem Computer sind gut, aber sichern Sie die privaten Schlüssel

Kryptojacking?

Dies ist eine der neueren Formen von Krypto-Kriminalität. Es beinhaltet die Verwendung eines Computers zum Mining von Kryptowährungen ohne die Erlaubnis des Besitzers. Um es direkter auszudrücken: Ihr Computer wird gekapert, um Krypto-Mining für jemand anderen durchzuführen.

Die bösen Jungs oder Mädchen führen das Schema aus, indem sie ein Programm über den Browser auf Ihren Computer laden. Kurz darauf beginnt Ihre Maschine, Rechenprobleme zu lösen, die Kryptowährungs-Mining

Belohnungen für die Krypto-Jacker generieren. Wie Sie sich vorstellen können, werden sie die Belohnungen nicht mit Ihnen teilen.

Ihr Schutz

Behalten Sie den Task-Manager Ihres Computers genau im Auge. Es gibt mehrere Browser-Erweiterungen, die Ihnen bei Ihren Sicherheitsbemühungen helfen, eine davon ist MinerBlock aus dem Chrome-Webspeicher. Sie blockiert browserbasierte Kryptowährungs-Miner.

Die neue Welt

der staatlich unterstützten
Kryptowährungen

Es hat nicht lange gedauert, bis das Kryptowährungsfieber begann, Regierungen auf der ganzen Welt zu infizieren. Mehrere von ihnen haben kürzlich ihre Absichten angekündigt, ihre eigenen Kryptowährungen herauszugeben. Dies ist eine erstaunliche Kehrtwende von denen, die oberflächlich betrachtet ein Interesse daran haben könnten, die Verbreitung von Kryptowährungen zu ersticken.

Die Landschaft

Venezuela hat seine Kryptowährung eingeführt, die von den Ressourcen des Landes gestützt wird, die hauptsächlich aus Öl und Gas bestehen. Sie heißt Petro und imitiert einige der Eigenschaften von Bitcoin.

Venezuela, wie viele Menschen wissen, leidet unter einer langen Liste von wirtschaftlichen Übeln. Die amerikanischen Sanktionen haben der Situation nicht geholfen und Präsident Nicolás Maduro hat keinen Versuch gemacht, sein Ziel zu verbergen, dass diese Petro- Kryptowährung einen neuen Weg bietet, sie zu umgehen.

Auch Russland hat sein Ziel angekündigt, einen Krypto-Rubel einzuführen. Das Ziel ist ähnlich wie das von Venezuela, nämlich aktuelle oder zukünftige Sanktionen zu umgehen. Russland befindet sich jedoch nicht in der gleichen wirtschaftlichen Notlage wie Venezuela.

Nach dem, was ich recherchiert und gehört habe, haben sie eine eher abwartende Haltung, im Gegensatz zu Venezuela, das bereits gestartet hat.

Um nicht außen vor zu bleiben, sogar die Bank of England (BOE) vor kurzem enthüllt, dass sie die Option ihrer eigenen Krypto erkunden. Ich kann mir nur vorstellen, dass viele andere Zentralbanken ebenfalls die Möglichkeit eigener digitaler Währungen untersuchen.

Die Reaktion

Die allgemeine Haltung im Krypto-Universum sowie meine ist, dass diese Reise nach vorne mehrere ideologische und praktische Barrieren hat. Die offensichtlichste ist, dass, wenn diese staatlichen Kryptos wirklich Bitcoin oder eine andere Kryptowährung ersetzen sollen, sie einigen der zentralsten Merkmale der Kryptowelt widersprechen würden, nämlich einen regulationsfreien und dezentralen Ledger zu haben. Regulationsfrei ist vor allem für Kryptowährungsenthusiasten nicht verhandelbar. Dies allein wird die Seiten aufeinanderprallen lassen, denn eine Sache, die Regierungen unwiderstehlich finden, ist der Geschmack der Kontrolle. Im Grunde genommen spielen sie mit diesen staatlich unterstützten Kryptowährungen nur digital Verkleiden mit ihren Fiat-Währungen. Sie mögen den Euro nicht? Kein Problem, wir haben ihn jetzt für Sie im Krypto-Format. Sie haben den Namen und die Verpackung geändert, aber die DNA der staatlichen Kontrolle bleibt. Viele haben eine offensichtliche Schwachstelle erwähnt. Wenn das System gehackt wird (wir können uns ziemlich sicher sein, dass es ständig Versuche geben wird), wer deckt dann die Verluste? Sind Regierungen bereit , Entschädigung zu zahlen, sobald die Büchse der Pandora von staatlich unterstützten Kryptowährungen geöffnet wird?

Die Markteinführung

Seit der Veröffentlichung der Petro-Münze 2018 im zweiten Quartal haben die Marktteilnehmer ihre Augen auf Venezuela gerichtet. Die Marktrezeption war bisher gemischt, aber es ist noch zu früh, um ein endgültiges Urteil zu fällen. Die Hacker, da bin ich mir sicher, waren auch begierig auf die Einführung. Mein Rat an die venezolanische Regierung, sofern sie offen für meine Vorschläge sind: "Machen Sie das Scheitern überlebensfähig." Aus der Sicht eines

Kryptowährungspuristen ist jede zentralisierte Kryptowährung eine Verkleidung und ein Rohrkrepierer.

Was in naher Zukunft

von Kryptowährungen zu erwarten ist

Wir sprechen absichtlich über kurzfristige Erwartungen, denn meiner Meinung nach ist es ein Irrweg, langfristige Aussagen über Kryptowährungen zu machen. Wir befinden uns in einem sehr frühen Stadium einer Verschiebung von einem totalen, einst unhinterfragten Glauben an staatlich ausgegebene Währungen hin zu dem Potenzial, das Kryptowährungen uns zu bieten haben. Genau wie bei Fiat-Währungen ist der Glaube und das Vertrauen in das System essenziell. Die fast unglaublichen Zuwächse, die viele Kryptowährungen erlebt haben, sind eine Mischung aus vielen Faktoren, einschließlich Nachrichten, Spekulanten und dem Wert der einzelnen Coins. Ich würde außerdem behaupten, dass das zunehmende Vertrauen der Öffentlichkeit und des institutionellen Finanzsektors ein Hauptfaktor ist. Zum Beispiel hat die französische Firma Tobam im Jahr 2017 den ersten Bitcoin-Fonds in Europa aufgelegt. Vertrauen ist, was es ist, es kann sich ändern, also schnallen Sie sich an! Denn trotz der Gewinne von über 900% kann der Markt leicht ebenso dramatische Einbrüche produzieren, wenn negative Probleme in Bezug auf das Vertrauen innerhalb des Kryptowährungsökosystems wieder auftauchen.

Weniger ICO-Wahnsinn

Der ICO-Wahnsinn wird etwas von seiner irrationalen Goldrausch-Mentalität verlieren und wir werden eine verbesserte Selbstkontrolle der aktuellen Akteure im Markt sehen. Wir sehen bereits ein hartes Durchgreifen der Aufsichtsbehörden in den Vereinigten Staaten und Europa. Die Öffentlichkeit und die staatlichen Aufsichtsbehörden haben Grenzen, was sie tolerieren werden. Wir sehen auch mehr; Such-, Identifizierungs- und Strafverfolgungsmissionen von Behörden auf der ganzen Welt gegen ICO-Betrüger. Dies ist eine gute Nachricht für die meisten Menschen, denn Betrüger sind offensichtlich unglücklich.

Mehr Vorschriften

Ich wurde kürzlich auf die Anzahl der Behörden aufmerksam gemacht, die Zuständigkeit für Kryptowährungen beanspruchen. Allein in den Vereinigten Staaten sind das die FinCEN des Finanzministeriums, die Securities and Exchange Commission, und der Internal Revenue Service. Die Geschichte wird noch bizarrer, denn es gibt nicht einmal eine Einigung unter den Regulierungsbehörden darüber, was Bitcoin ist. Zum Beispiel behandelt die IRS es als Eigentum und die Commodity Futures Trading Commission sagt, dass es eine Ware ist. Für die Marktteilnehmer bringt dies Verwirrung auf ein neues Niveau. Trotz dessen besteht der Bedarf an angemesseneren Regelungen für diesen wachsenden Markt, um das Vertrauen der breiteren privaten und institutionellen Märkte zu stärken. Dies sollte auch eine schnelle und robuste Bestrafung für diejenigen beinhalten, die sich an Fehlverhalten beteiligen.

Bei den Regulierungen werden Sie oft ein Muster finden, das Marktinnovationen wie Kryptos folgt. Zuerst haben wir den Wilden Westen, gefolgt von Überregulierung, um die Öffentlichkeit zu beruhigen. Später setzen sich die kühleren Köpfe durch und es kommt zu der Widerrufung einiger Regeln und schließlich kommt es zu einem funktionierenden Gleichgewicht.

Erweiterte praktische Anwendung von Kryptos

Mythos Nummer eins und meiner Meinung nach der größte über Kryptos, ist, dass sie keine praktischen Anwendungen haben. Die Realität ist, dass mehrere der wichtigsten Münzen reale Anwendungen haben und im Zusammenhang mit der Verbesserung der bestehenden Sektoren auf dem Markt stehen. Legacy-Firmen, die diesen "keine praktischen Anwendungen"-Mythos pushen, sind selten glücklich über Innovationen, die nicht von ihnen selbst stammen, und sind schnell dabei, jegliche Herausforderer zu diskreditieren.

Im Januar 2018 erklärte sich das Geldtransferunternehmen MoneyGram bereit, Ripple aufgrund seiner Geschwindigkeit bei der Ausführung von Transaktionen zu testen. Ripple wurde entwickelt, um Geldtransfers und internationale Transaktionen zu beschleunigen. Es reduziert sowohl die Geldtransferzeit als auch die Kosten. Da es nur ein Test war, müssen wir auf die endgültigen Ergebnisse warten, aber es beweist eindeutig, dass es reale Anwendungen gibt.

Ein weiteres Beispiel ist die Verwendung von Ethereum zur Durchführung einer Immobilientransaktion. Es wurde bekannt, dass der Gründer von TechCrunch einen Smart Contract* benutzte, um eine Wohnung in der Ukraine zu kaufen, ohne in das Land reisen zu müssen.

*Smart Contracts: kann Vereinbarungen zwischen Personen verwalten und die Bedingungen eines Vertrags ausführen, wenn die gegenseitig vereinbarten Bedingungen erfüllt sind.

Stärkere Nutzung von Kryptowährungen in den Schwellenländern

Wir werden wahrscheinlich die weitere Verbreitung von Kryptowährungen in den Schwellenländern sehen. Das liegt daran, dass Kryptos von keinem Land kontrolliert werden oder direkt an ein gesetzliches Zahlungsmittel einer Regierung gebunden sind. In der praktischen Anwendung bedeutet dies, dass wenn eine wackelige Regierung zusammenbricht, der Wert einer Kryptowährung wie Bitcoin in den meisten Fällen unberührt bleibt. Dieser Vorteil mag für Ihr durchschnittliches entwickeltes westliches Land unnötig erscheinen, aber in instabilen Ländern hat die Dezentralisierungsfunktion von Kryptos einen sehr realen und praktischen Nutzen.

Warten, um mehr zu sehen

Was ich sehnsüchtig erwarte, um mehr von der nahen Krypto-Zukunft zu sehen.

1- Börsen werden sowohl die Sicherheit als auch ihre Kapazität zur Bewältigung von Nachfragespitzen verbessern. Auch wenn Krypto-Börsen nicht dem gleichen Maß an Kontrolle unterliegen wie traditionelle Börsen, wird es in Zukunft immer schwieriger werden, dieses Sicherheitsthema zu umgehen. Denn in der Krypto-Landschaft gibt es genug traurige Geschichten von Hackerangriffen, bei denen Millionen gestohlen wurden. Keine Region der Welt darf mit dem Finger zeigen. Es passiert im Osten und es passiert auch im Westen, sowohl bei großen als auch bei kleinen Exchanges. Im Gegensatz zu Guthaben bei Ihrer Hausbank gibt es im Falle eines Hackerangriffs auf Ihr Konto bei einer Börse nur sehr wenige Möglichkeiten, Ihr Guthaben wiederzuerlangen, und zum jetzigen Zeitpunkt gibt es keine Versicherung. Jeder weiß, dass Hacker auf einer engagierten Jagd nach Kryptowährungskonten sind, daher muss die Verteidigung aufgerüstet werden. Die internen Bedrohungen sind eine weitere Ursache von Kopfschmerzen, sie reichen vom Insider-Handel zu anderen finanziellen Fehlverhalten von Mitarbeitern.

Mehrere der regulierten und größeren Börsen sind während der jüngsten Marktexplosionen unter der Nachfrage nach neuen Konten eingeknickt.

Diesmal wurden sie verschont, aber wie oft werden die Öffentlichkeit oder die Machthaber noch so nachsichtig sein?

2- Im Herbst 2017 wurden Bitcoin-Futures eingeführt und es wird interessant sein zu sehen, wie sich dies entwickelt. Die Öffentlichkeit hat nach einem stärker regulierten Markt gefragt, und beim Handel an einer Terminbörse dreht sich alles um Regulierungen. Dies war auch das erste Mal, dass Bitcoin-Händler ihre Positionen in einem regulierten Markt absichern konnten. Sie haben jetzt die Möglichkeit, die andere Seite im Markt durch Leerverkäufe einzunehmen.

3- Mehr Coins, die die Notwendigkeit für Miner eliminieren. Derzeit wird der Großteil des Bitcoin-Minings von einer Handvoll Firmen durchgeführt. Keine marktgesunde Situation, da sie diesen Einfluss auf unerwünschte Weise nutzen könnten.

4- Verbesserungen bei der Geschwindigkeit von Bitcoin-Transaktionen scheinen die Aufmerksamkeit vieler Branchenbeeinflusser zu erregen. Selbst für Bitcoin-Fans kann die relativ langsame Geschwindigkeit einer Routinetransaktion ein Problem darstellen. Es gibt mehrere Kryptos, die sich diesen Herausforderungen stellen und ich bin gespannt, wie sich das entwickelt.

Krypto-Händlerzone

Einführung

Dies ist der Inhalt, der sich speziell mit dem Handel mit Kryptowährungen beschäftigt. Er wird vor allem für diejenigen nützlich sein, die keinen Handelshintergrund haben. Für diejenigen, die bereits handeln, wird er einige zusätzliche Einblicke in den Krypto-Markt bieten.

Bitcoin und Altcoin Handel

Kryptos bieten Volatilität, als Trader lieben wir das, es ist süße Musik für uns. Warum? Wenn Sie einen Handel platzieren und nichts passiert, dann haben Sie gerade den Spread an Ihren Broker für nichts bezahlt. Der Handel ist ein Geschäft (oder Sie sollten es als eines behandeln) und damit Sie Ihre Kosten für die Transaktion (den Spread) wieder hereinbekommen, brauchen und wollen Sie Volatilität.

Gerüchte und Panik tragen zur Volatilität bei. Es gibt auch eine extreme Empfindlichkeit gegenüber Nachrichten. 20% tägliche Bewegungen sind **nicht** ungewöhnlich. Im Herbst 2017 war die Volatilität, die wir gesehen haben, selbst für Krypto-Standards erstaunlich.

Vorteile

Es gibt in der Regel keine Mindesthandelsgrößen, im Gegensatz zum Handel mit Aktien, Rohstoffen oder Spot-Forex. Sie können auch Leerverkäufe tätigen, daher sind sowohl ein steigender als auch ein fallender Markt für Sie in Ordnung. Weitere Vorteile sind, dass Sie die Möglichkeit haben, direkt an den Börsen zu handeln, Makler sind nicht zwingend erforderlich. Sie können rund um die Uhr handeln, das sind sogar mehr Handelsstunden als beim Spot-Forex. Offensichtlich ist die Liquidität jedoch nicht den ganzen Tag über gleich, einige Zeiten des Tages sind liquider als andere.

Daytrading

Daytrading mit Vorsicht! Im Moment handeln Sie meist gegen unerfahrene Trader, aber die Szene ändert sich. Im Herbst 2017 wurde der erste europäische Bitcoin-Fonds in Frankreich aufgelegt. Es gibt auch Berichte über mehrere Hedge- und Privatfonds mit riesigen Ressourcen, die sich auf den Markteintritt vorbereiten.

Markt Timing

Zum "perfekten Zeitpunkt" bei Bitcoin und Kryptowährungen einzusteigen ist unrealistisch. Was gerade passiert, wöchentliche zweistellige Gewinne, sind nicht zu erwarten, aber es ist so. Mit rein technischer Analyse oder Fundamentaldaten werden Sie scheitern. Kaufen Sie bei Panikabstürzen, Aufschwünge nach Bitcoin-Panikabstürzen sind sehr profitabel gewesen. Eine Taktik, um mit der Volatilität umzugehen, ist die Einstellung von Preisalarmen für auffällige Preisbewegungen. Ich empfehle dringend, dass Sie Ihr Kapital schrittweise akkumulieren, Kryptowährungsreichtum braucht Zeit. Ignorieren Sie, so weit wie möglich, den Wildwest-Hype, der gerade im Gange ist. Wenn Ihre Krypto-Position eine 100%+ Bewegung nach oben hat, nehmen Sie einige Gewinne mit. Wenn Sie keine bestehende Position hatten, kaufen Sie nach einem großen Ausbruch nach oben auf den Pullbacks. Die besten Gelegenheiten gibt es für die Informierten und weniger Emotionalen. Dies gilt vor allem in einer Arena mit Krypto-Händler, die mit Blick auf 40-50% Tropfen unerprobt sind.

Leverage

Hebel? Verwenden Sie ihn mit Vorsicht und nur bei Unternehmen, die zuverlässige Stop-Losses anbieten. Bitcoin und Kryptos im Allgemeinen sind Vermögenswerte, die sich an manchen Tagen um 20-30% (in beide Richtungen) bewegen können, daher kann Ihr Konto leicht explodieren. Sie verlieren Geld, wenn Sie herausgenommen werden, und das kann mit hohem Hebel leicht passieren. Kurzgefasst, bleiben Sie im Spiel und jedes langfristige Shorten ist mit extremer Vorsicht zu genießen... behalten Sie alle " Todesfälle " von Bitcoin im Auge.

Bevor Sie in ICOs investieren, sollten Sie Folgendes beachten

Denken Sie daran, dass bei ICOs niemand mit Sicherheit weiß, welcher davon durchstarten wird. Wenn Sie in 5 investieren, gibt es eine sehr gute Chance, dass 3 bis 4 scheitern werden. Aber derjenige, der abhebt, bringt 10x oder mehr zurück. 10x bedeutet, dass wenn Sie $10m investiert haben, Sie insgesamt $100m generieren, wenn Sie verkaufen.

Ein kleiner Tipp: Bei ICOs oder einfachen Transaktionen, senden Sie Bruchteile der Zahlung, um Überweisungen zu testen. Üben Sie das Senden von .001 für die ersten paar Transaktionen, Sie können bis zu 8 Dezimalstellen mit Bitcoin senden.

Sie sollten sich darüber im Klaren sein, dass viele der jüngsten, mit Risikokapital finanzierten Unternehmen ihre Produkte noch nicht auf den Markt gebracht haben. Darüber hinaus werden die vollen

Einsatzmöglichkeiten von BTC und Altcoins gerade erst erforscht. Viele glauben, dass Bitcoin im Wert von einer anderen Coin übertroffen werden wird. Ihre Grundlage ist, dass in der Technologie selten der Erstanbieter nach 5-10 Jahren der dominierende Spieler bleibt. Unterm Strich befinden wir uns in den frühen, frühen Tagen der digitalen Währungen.

Handels-Taktiken

Hier werden wir die Hauptgründe untersuchen, warum Trader Geld verlieren, und vor allem werden wir die Lösungen erforschen.

Unrealistische Erwartungshaltung: Es ist wichtig, dass man beim Einstieg in den Handel, wie bei vielen Dingen, eine realistische Vorstellung davon hat, womit man es zu tun hat. Unrealistische Erwartungen können sich darin äußern, dass jemand mit einem Mini- Trader-Konto von 1.000 oder vielleicht 2.000 USD beginnt und über Nacht Reichtum erwartet.

Sie können sogar mit 100 oder 200 Dollar beginnen, was in Ordnung ist. Es ist nichts falsch mit dem Betrag, aber die Trader mit 100 oder 200 Dollar erwarten, dass sie innerhalb von ein paar Tagen 1.000 oder

2.000 Dollar auf ihrem Konto haben. Es gibt Firmen da draußen, die tatsächlich erwähnt oder sogar versprochen haben, dass sie das schaffen können. Ich sage zwar nicht, dass es unmöglich ist, aber ich sage, dass es unrealistisch ist. Es ist wichtig, dass Sie einen Sinn für die Realität bei Ihrem Trading haben.

Kein Plan: Viele Leute sagen: "Wer nicht plant, plant zu scheitern". Mit richtiger Planung ist Ihr Trading in Übereinstimmung mit Ihrem Zeitrahmen und den Ergebnissen, die Sie erwarten. Ein Handelsplan ist essenziell, denn ohne einen solchen stellen Sie sich selbst auf potenziell große Verluste ein. Ohne einen Plan hat es keinen Sinn, in den Handel einzusteigen.

Zu hohes Risiko: Es könnte eine Person sein, die 100 Dollar auf ihrem Konto hat oder eine mit 100.000. Es ist nicht der Betrag, der entscheidend ist, sondern der Betrag, den Sie im Verhältnis zu den verfügbaren Mitteln riskieren. Sie müssen von der Position aus planen, einen "Misserfolg überlebensfähig" zu machen. Dieses Konzept basiert auf der Idee, dass Ihre Verluste nicht katastrophal sein sollten. Zum Beispiel sollte jede Position nicht mehr als 5 oder 6% Ihres verfügbaren Risikokapitals verbrauchen. Das bedeutet auch, dass, wenn Leverage eingesetzt wird, es ein geringer Betrag sein sollte.

Trading mit Investieren verwechseln: In meinen Jahren als Banker habe ich unzählige Kunden gehabt, die ich immer wieder darauf hinweisen musste, dass sie beides nicht verwechseln sollten. Beim Trading geht es darum,

kurzfristig Geld zu verdienen, es ist eine einkommenserzeugende Tätigkeit, man bewegt sich in und aus Trades. Investieren ist langfristiger und hat in der Regel einen Zeitrahmen von mindestens einem Jahr. Es könnte sein, dass sich einige Ihrer Anlageziele von Ihrem Trading ableiten, aber verwechseln Sie sie nicht. Es mag für einige simpel erscheinen, aber aus meiner Erfahrung mit Beratung von Kunden weltweit gibt es immer noch viele, die Trading und Investment verwechseln.

Lösungen:

Es ist in Ordnung, über Probleme und Herausforderungen zu sprechen, aber natürlich müssen wir auch Lösungen haben.

Geringer Leverage: Um das Problem von zu viel Risiko zu vermeiden, ist eine bewährte Lösung die Verwendung eines niedrigeren Hebels. Sie halten den Hebel niedrig, weil Sie dadurch Zeit zum Nachdenken haben, effektiver reagieren können und nicht so empfindlich auf Veränderungen am Markt reagieren.

Einskalieren Ausskalieren: Einskalierung und Ausskalierung ist eine meiner Lieblingsmethoden. Ich verwende es beim Investieren und auch bei meinem Trading. Die Theorie dahinter ist, dass Sie dem Markt erlauben, Ihnen zu sagen, welchen Weg Sie gehen sollen, so einfach ist das. Ein Beispiel: Ich plane, 250 Altcoins von GCMS zu kaufen, nachdem ich meine technische und fundamentale Analyse gemacht habe. Wie fange ich an? Ich würde mit einer Position von 25 oder 50 Coins beginnen und mir vom Markt bestätigen lassen, ob ich auf dem richtigen Weg bin. Wenn ich GCMS-Coins zu 100 Dollar gekauft habe und sie plötzlich auf 125 pro Coin springen, großartig, der Markt bestätigt, dass ich die richtige Entscheidung getroffen habe. In diesem Beispiel, wenn ich mit 25 Coins begann, würde ich dann weitere 25 oder 50 hinzufügen und den Prozess wiederholen, bis ich mein Ziel von 250 Coins erreicht habe.

Es gibt einige, die sagen könnten, dass ich bei der Bewegung von 100 auf 125 etwas verpasst habe, und das habe ich auch ein wenig, aber ich bin auch sicherer in meiner Entscheidung, weil ich geduldig war. Umgekehrt, um auf die Ausskalierung zurückzukommen, stellen wir uns vor, der Markt hätte sich gegen mich bewegt. Anstatt anfangs 250 Coins im Risiko zu haben, wären es nur 25 gewesen. Natürlich gibt es einen Trade Off, aber erfahrungsgemäß ist er zum Vorteil derjenigen, die Skalieren.

Ein anderes Beispiel: Nehmen wir an, Sie haben 100 Coins zu je 100 Dollar gekauft und der Preis fällt plötzlich auf 90. Was ich vorschlagen würde, anstatt alles sofort zu verkaufen, zu erwägen, nur 25 oder 30 zu verkaufen, da der Rückgang aufgrund einer Überreaktion auf dem Markt geschehen sein könnte. Es gibt mehrere Dinge, die im Spiel sein könnten, z.B. ein falsches Gerücht. So erlauben Sie dem Markt, Sie wieder auf den richtigen Weg zu führen. Natürlich wenn der Preis weiter fällt, dann entscheiden Sie sich für einen endgültigen Ausstieg sobald er über Ihren mentalen Stop-Loss hinausgeht.

Handel mit liquiden Märkten: Der Handel mit liquiden Märkten ist etwas, das ich nicht genug betonen kann. Ein, Long Shot Handel (also mit ultra-Risiko-Kapital) ist in Ordnung, solange Sie sich des Risikos bewusst sind. Für den regelmäßigen Handel sind Kryptowährungen mit geringer Liquidität nach meinen Kryptowährungsstandards jedoch nicht die erste Wahl. Liquidität ist kritisch, vor allem als Händler. Ein Investor ist nicht so zeitempfindlich, aber wenn Sie handeln, wo Sie möglicherweise plötzliche Bewegungen durchführen, müssen Sie flüssige Kryptowährungen halten.

Die Liquidität, um es ganz klar zu sagen, ist die Fähigkeit, mit Leichtigkeit in den Handel ein- und auszusteigen. In einem Handel zu sein und Buchgewinne zu haben, ist wunderbar. Wenn es jedoch an der Zeit ist, die Buchgewinne in echte Gewinne umzuwandeln, und Sie dazu nicht in der Lage sind, dann ist das ein schlechter Scherz, da Sie nur zuschauen können. Das ist nicht sehr schön. Auf der anderen Seite, wenn Sie im Verlust sind und nicht in der Lage sind, diese Position zu verlassen, wird es zu einem Albtraum. Es ist mir egal, wer Tipps gibt, oder welchen Blog Sie lesen, Sie müssen liquide Kryptowährungen handeln, es gibt keinen anderen Weg.

Auswahl der Kryptowährungen: Wählen Sie ein paar aus und lernen Sie sie gut kennen. Wie Sie sich vorstellen können, handelt kein Trader 600 verschiedene Coins auf einmal. Viele Leute beginnen mit Kryptos, indem sie die bekanntesten handeln, Bitcoin, Ethereum, zum Beispiel. Nach einer Weile, wenn Sie ein paar ausgewählte Kryptos handeln, werden sie Ihnen vertraut werden und Sie werden ein tieferes Gefühl dafür bekommen, wie sie sich bewegen.

Das Ganze zusammenfügen

Trader müssen ein System haben. Wir werden die verschiedenen Aspekte eines Handelssystems untersuchen und miteinander verbinden.

Handelsplattform: Die Auswahl Ihrer Handelsplattform ist wichtig, denn die Plattform ist das Vehikel, mit dem Sie den Handel betreiben. Da der Handel online erfolgt, ist es wichtig, dass Sie eine Plattform verwenden, die zu Ihrem Stil passt. Es könnte eine sein, die entweder Multi-Assets bietet oder eine, die eher simpel ist. Sie sollten den Anbieter hinter der Plattform kennen. Bei Kryptowährungen haben Sie die Möglichkeit, entweder eine Handelsplattform zu nutzen oder direkt mit einer Börse zu handeln. Es tauchen regelmäßig neue Börsen auf dem Markt auf und je nach Land müssen Sie vorsichtig sein. Ich schlage vor, dass Sie eine Empfehlung von einem Freund oder einem vertrauenswürdigen Krypto-Berater einholen.

Ziele: Ohne Ziele ist es wirklich schwierig, mit dem Handel zu beginnen. Die Analogie, die ich gerne in Bezug auf Ziele verwende, ist, dass es ohne ein Ziel das Äquivalent wäre, zu einem Bahnschalter zu gehen und einfach zu sagen "Geben Sie mir eine Fahrkarte!". Natürlich würde man Sie fragen "eine Fahrkarte wohin?".

Kurzfristige Ziele können monatliche oder wöchentliche Gewinnziele sein, sie sind individuell. Ziele müssen zu Ihrem Stil und der Höhe des Risikokapitals, das für den Handel zur Verfügung steht, passen.

Langfristige Ziele sind oft mit Ihrer Anlagestrategie verbunden. Sie sind auch mit Ihren kurzfristigen Zielen verbunden, denn die langfristigen Ziele sollten auf den kurzfristigen Gewinnzielen basieren. Es muss eine Übereinstimmung geben, denn wenn Sie ein Wochenziel von 100 Dollar und ein Monatsziel von 1.000 haben, dann gibt es eine Diskrepanz, die angegangen werden muss.

Mentale Vorbereitung: Sie müssen psychologisch bereit für den Handel sein. Wenn Sie im Begriff sind zu handeln und angespannt oder nervös sind, dann müssen Sie sich eine Auszeit nehmen. Gehen Sie meditieren, machen Sie Sport, tun Sie etwas anderes, aber es ist wichtig, dass Sie nicht handeln, bis Sie psychologisch bereit sind.

Beim Handel müssen Sie die Einstellung haben, die Dinge nicht persönlich zu nehmen. Entfernen Sie Emotionen aus dem Handel, das Ziel ist einfach, Geld zu verdienen.

Kennen Sie Ihre Risikotoleranz: Wie viel sind Sie bereit, bei jedem Handel zu riskieren? Es ist wichtig, sich an die goldene Regel Nr. 1 der Trader zu erinnern: "Kein Bargeld, kein Handel." Es spielt keine Rolle, was Ihnen irgendjemand erzählt, wenn es kein Bargeld gibt, gibt es keinen Handel und das muss ernst genommen werden. Dies hängt mit Ihrer Risikotoleranz zusammen. Wenn Sie zum Beispiel ein Barguthaben von 10.000 USD haben und 1% riskieren wollen, beträgt der Betrag 100 Dollar. Das bedeutet, dass von Ihrem Risikokapital, unabhängig davon, was Sie handeln, Ihr Stop-Loss (mental oder auf einer Plattform), diese 100 USD nicht überschreiten sollte.

Führen Sie Ihre Sorgfaltspflicht durch: Ein neuer Tag hat begonnen und Ihr Computer ist eingeschaltet, was ist über Nacht passiert? Was ist auf den Kryptomärkten passiert? Sie sollten sich der Nachrichten bewusst sein, die über Nacht herauskamen und noch wichtiger, wie die Märkte darauf reagiert haben. Manchmal, was in der Theorie gute Nachrichten sein sollten, können die Märkte mit einer negativen Reaktion überraschen.

So wählen Sie Ihre Einstiegsstufe: Wenn Sie Ihre Einstiegspunkte kennen, haben Sie einen guten Grund für jeden Handel, den Sie ausführen. Wenn Sie keinen guten Grund haben, schlage ich vor, dass Sie die Mittel nehmen und sie einer Wohltätigkeitsorganisation übergeben. Bei der Auswahl Ihres Einstiegspunktes brauchen Sie ein gutes Risiko-Ertrags-Verhältnis und dieses sollte Ihrer Risikotoleranz entsprechen. Die technische/fundamentale Analyse wird ebenfalls in Betracht gezogen. Die Unterstützungs- und Widerstandsniveaus, Nachrichten, sind alle sind wesentlich bevor Sie einen Handel ausführen. Wenn Sie mit Kryptowährungen handeln, müssen Sie wissen, wo sich die Unterstützungs- und Widerstandslinien für den Zeitrahmen befinden, in dem Sie handeln.

Kennen Sie Ihre Ausgangsstufe: Was ist Ihr Gewinnziel, sind es tausend Dollar oder nur ein paar? Dessen müssen Sie sich bewusst sein. Wenn Sie Stopps setzen, um Verluste zu kontrollieren, müssen Sie als erstes sicherstellen, dass sie innerhalb Ihrer Parameter liegen.

Genau wie bei Ihrem Einstieg sollten Sie die Fundamentalanalyse, Unterstützungs- und Widerstandsniveaus und eine weitere goldene Regel der Trader kennen: "Reduzieren Sie Ihre Verluste und lassen Sie Gewinne laufen." Viele Trader sagen, dass sich die Gewinne von selbst erledigen, aber Sie müssen die Verluste genau im Auge behalten.

Führen Sie ein Journal: Es ist vielleicht nicht für jeden etwas, aber ich benutze es um mein Trading aufzuzeichnen. Es beinhaltet mehrere Dinge, wann ich den Handel eingegangen bin, mein Ausstiegslevel und warum ich dachte, dass der Handel eine gute Idee war, als ich ihn einging. Bei der Durchsicht Ihres Journals werden Sie anfangen, Muster zu erkennen, wenn es welche gibt. Sie können entweder ein Muster entfernen, das nicht funktioniert, oder eines ausbauen, das funktioniert. Dies hilft Ihnen bei der Feinabstimmung Ihrer Trades.

Überprüfen Sie Ihre Ergebnisse: Überprüfen Sie Ihren Gewinn oder Verlust für den Tag. Das ist wichtig, denn obwohl der Handel Spaß machen kann, ist er ein Geschäft und es geht darum, einen Gewinn zu erzielen. Wenn Sie bei der Überprüfung Ihres Gewinns/Verlusts feststellen, dass er nicht dem entspricht, was Sie beabsichtigt hatten, ist es Ihre Pflicht, herauszufinden, warum. Sie müssen auch wissen, was hinter Ihren guten Ergebnissen stand. Vielleicht war es reines Glück, und wenn das der Fall war, großartig, aber Glück ist normalerweise keine nachhaltige Strategie für den Handel. Ich würde vorschlagen, wie ich es bei meinem Trading mache, Ihr Tagebuch zu überprüfen. Waren es Marktnachrichten? Oder war es die Größe der Positionen? Diese Faktoren können die Ergebnisse beeinflussen.

Technische Krypto Analyse Toolbox

Der wichtigste Punkt, um mit technischer Analyse Geld zu verdienen, ist das Erkennen des Trends und das Handeln mit ihm. Trends zeigen Ihnen, wo die Preise sich am ehesten in die Zukunft bewegen. Wenn der Trend einer Kryptowährung nach oben geht, dann müssen Sie die Kryptowährung kaufen, um Geld zu verdienen.

Wenn der Trend einer Kryptowährung nach unten geht, müssen Sie die Kryptowährung verkaufen, um zu profitieren. Wenn der Trend eines Kryptos seitwärts verläuft, ohne klare Richtung, müssen Sie entweder bedingte Aufträge (keine Trades) platzieren oder warten, bis sich ein klarer Trend nach oben oder unten etabliert hat, bevor Sie handeln. Es ist nicht empfehlenswert, gegen den Trend anzukämpfen. Wenn Sie sich dafür entscheiden, wird es in den meisten Fällen eine teure Erfahrung für **Sie**.

Trends bewegen sich normalerweise nicht direkt nach oben oder unten. Sie bewegen sich in der Regel für eine gewisse Zeit in eine Richtung und kehren dann vorübergehend einen Teil der vorherigen Bewegung um, bevor sie wieder in die ursprüngliche Richtung weitergehen. Jedes Mal, wenn ein Krypto zurückgeht und sich in die entgegengesetzte Richtung zu bewegen beginnt, bildet er ein neues Hoch oder ein neues Tief. Zum Beispiel bilden sich bei Kryptos neue Hochs, wenn ein Krypto sich nach oben bewegt und dann umdreht und sich nach unten bewegt. Neue Tiefs bilden sich, wenn sich ein Krypto nach unten bewegt und dann umdreht und sich nach oben bewegt. Die Identifizierung dieser Hochs und Tiefs ermöglicht es Ihnen zu erkennen, ob sich ein Krypto in einem Aufwärtstrend, einem Abwärtstrend oder einem Seitwärtstrend befindet.

Aufwärtstrends – Märkte, die sich im Aufwärtstrend befinden, bilden eine Reihe von höheren Hochs und höheren Tiefs.

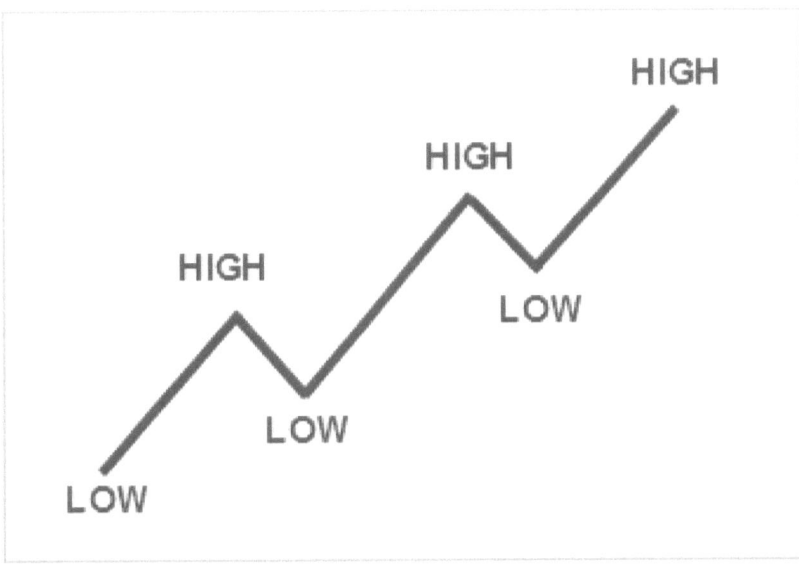

Abwärtstrends – Märkte, die abwärts tendieren, bilden eine Reihe von niedrigeren Hochs und niedrigeren Tiefs.

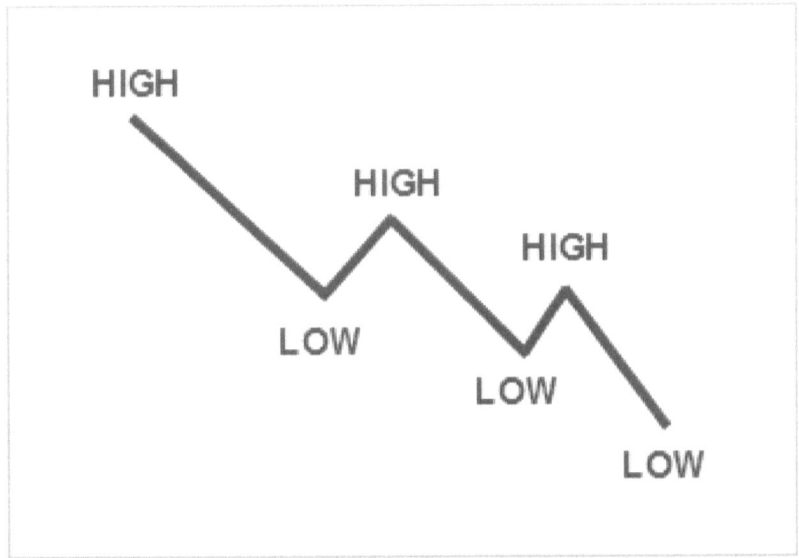

Seitwärtstrends – Eine Kryptowährung, die seitwärts tendiert, bildet eine Reihe von Hochs, die ungefähr auf demselben Preisniveau liegen, und eine Reihe von Tiefs, die ebenfalls ungefähr auf demselben Preisniveau liegen.

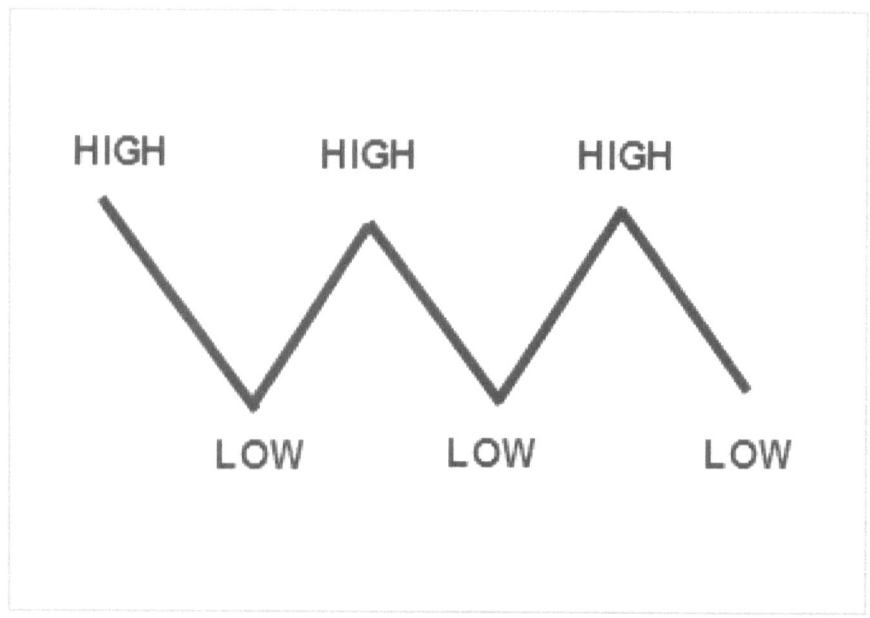

Trends – Ob es sich um einen Aufwärtstrend, Abwärtstrend oder Seitwärtstrend handelt, Trends können sich über verschiedene Zeiträume bilden. Die verschiedenen Trends über jeden Zeitrahmen zu identifizieren und in der Lage zu sein, sie in Ihrer Analyse auszurichten, ist entscheidend für Ihren Erfolg als Trader.

Definieren eines Kerzendiagramms

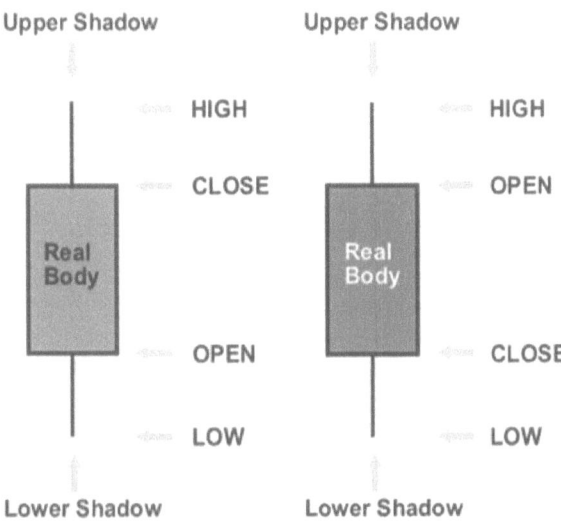

Beginnen wir mit der Definition einer Kerze. Eine Kerze ist eine Linie auf einem Chart, die einen Punkt darstellt und den Höchst-, Tiefst-, Eröffnungs- und Schlussstand für jede Periode anzeigt. Wenn wir z. B. ein Tagesdiagramm haben, repräsentiert jede Kerze einen Tag und zeigt den Höchst-, Tiefst-, Eröffnungs- und Schlusskurs für diesen Tag an. Auf vielen Plattformen bedeutet eine rote Kerze, dass der Schlusskurs niedriger ist als der Eröffnungskurs für diese Periode. Eine grüne Kerze bedeutet, dass der Schlusskurs höher ist als der Eröffnungskurs für diesen Zeitraum.

Technische Analyse Indikatoren

Wir werden einen Blick auf die Indikatoren Gleitende Durchschnitte, RSI und Bollinger Bänder werfen. Zuerst die Gleitende Durchschnitte, sie sind nützlich, weil sie es einfacher machen, einen Trend zu erkennen. Das ist der Schlüssel mit Währungen, Kryptowährungen oder einigen Derivate, wo ein Aufwärtsmarkt und auch ein Abwärtsmarkt gut ist. Daher ist alles, was wir tun müssen, diesen Trend zu identifizieren oder zu erkennen. Zur Veranschaulichung: Ein gleitender Fünfzig-Tage-Durchschnitt addiert die Schlusskurse der letzten fünfzig Tage, teilt sie durch fünfzig und zeichnet für jeden Tag einen Punkt in das Diagramm ein.

Gleitendes Mittelwertdiagramm

Lassen Sie uns einige grundlegende Einstellungen mit dem gleitenden Durchschnittsindikator überprüfen. Wenn wir Einstellungen auf einem Diagramm von MA zehn, MA fünfzig haben, dann ist 10 der Kurzfristige, 50 der Langfristige. Wenn der kürzere gleitende Durchschnitt, über dem längeren liegt, wird der Trend als Aufwärtstrend betrachtet. Wenn der kürzere gleitende Durchschnitt unter dem längeren gleitenden Durchschnitt liegt, dann wird der Trend als Abwärtstrend betrachtet. Wenn Sie auf einem Diagramm sehen, dass der Zehner unter den Fünfziger bricht, der in diesem Beispiel der Langfristige ist, könnte das als erstes Zeichen eines

Verkaufssignals angesehen werden.

Bei gleitenden Durchschnitten werden die Kauf- und Verkaufssignale durch das Kreuzen des Preises über oder unter der gleitenden Durchschnittslinie erzeugt. Es gibt einen Begriff, den Sie oft hören werden, wenn Sie sich mit der technischen Analyse beschäftigen, er wird das *goldene Kreuz* genannt und bedeutet, dass der kurzfristige Kurs über den Langfristigen bricht. Das Beispiel, das wir hier haben, ist zehn und fünfzig, es hätte aber auch zwanzig und dreißig, fünfzehn und siebzehn sein können, es hängt von dem Händler und dem Instrument ab.

Relative Stärke Index

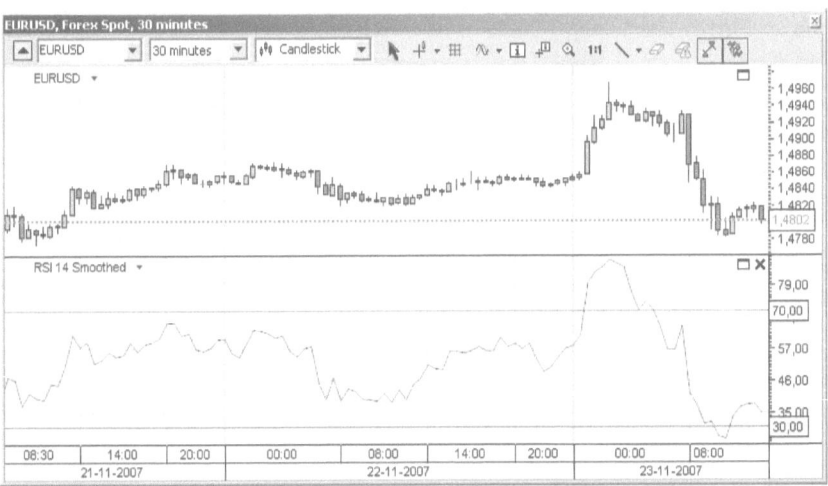

Der RSI, der Relative Strength Index, wird verwendet, um zu erkennen, ob der Markt (Aktie, Währung, Kryptowährung, etc.) überkauft oder überverkauft ist. Er wird als vorlaufender Indikator eingestuft, weil er beginnt, Signale zu geben, bevor der Trend begonnen hat. Er hat einen Index von null bis hundert.

Das RSI-Diagramm ist hier unter dem EURUSD-Diagramm zu sehen. Der RSI stimmt mehr oder weniger mit dem überein, was auf dem Diagramm geschieht, und das sollte er auch. Werte unter dreißig zeigen an, dass der Markt vielleicht überverkauft ist. Wenn Sie den Begriff überverkauft sehen oder hören, bedeutet das, übermäßiger Verkauf. Werte über siebzig deuten darauf hin, dass der Markt möglicherweise überkauft ist, was übermäßige Käufe bedeutet. Beachten Sie, dass es sich hierbei um Indikationen handelt, die keine Garantie für irgendetwas sind. Beachten Sie, dass der Markt für eine beträchtliche Zeitspanne überkauft oder überverkauft bleiben kann.

Bollinger Bänder

Bollinger Bänder sind ein Werkzeug, das viele Investoren und Trader verwenden, wenn sie verschiedene technische Analyseaspekte zu den offenen Trades hinzufügen möchten. Sie werden verwendet, um die Marktvolatilität zu messen. Die Bänder definieren die oberen und unteren Grenzen der Handelsspanne. Wenn Sie sich die Bänder in einem Diagramm ansehen, haben Sie ein oberes und ein unteres

Band. Der Raum zwischen dem oberen und dem unteren Band wird als Kaufs-Verkaufs-Kanal bezeichnet. Sie verwenden den Raum zwischen den Bändern, um eine Vorstellung davon zu bekommen, wo Sie sich innerhalb der Handelsspanne befinden. Wenn Sie sich in der Nähe des oberen Bandes befinden, wissen Sie, dass Sie sich in der Nähe des Widerstandsniveaus befinden und das Potenzial für eine Preisumkehr besteht (der Markt kehrt die Richtung um). Wenn Sie sich am Boden befinden, wissen Sie, dass Sie sich in der Nähe des Unterstützungsniveaus befinden und dort eine potenzielle Preisumkehr stattfindet. In den meisten Fällen bleiben die Preise zwischen den Bändern. Wenn der Preis beginnt, auszubrechen, nehmen viele Händler dies als ein Signal, also müssen Sie sich dessen bewusst sein.

Verstehen von Unterstützungs- und Widerstandslevels

Das Unterstützungslevel ist das Preislevel, unter das das gehandelte Instrument in der Vergangenheit nur schwer gefallen ist. Wenn wir zum Beispiel eine Unterstützung bei 1,4380 haben, können Sie auf einem Diagramm sehen, dass der Markt dieses Niveau (1,4380) mehrmals erreicht hat, ohne tiefer zu fallen, so dass dies im Jargon der technischen Analyse als Unterstützungsniveau bezeichnet wird. Das Widerstandslevel ist genau das Gegenteil, nämlich das Preislevel, bei dem das Instrument in der Vergangenheit Schwierigkeiten hatte, darüber zu handeln.

Chart patterns similar to the letters M & W

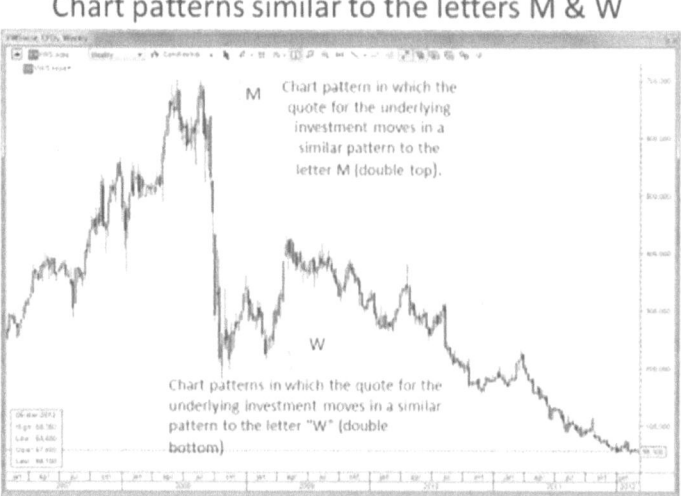

Diagramm-Muster "W" Double Bottom oder "M" Double Top

Dies sind Diagramm-Muster, bei denen sich der für das Instrument notierte Preis in einem Muster bewegt, das dem Buchstaben "W" (Double Bottom) oder "M" (Double Top) ähnelt. Double Top- und Bottom- Muster werden in der technischen Analyse verwendet, um Bewegungen in einer Aktie, Kryptowährung oder anderen Investitionen zu erklären, und können als Teil einer Handelsstrategie verwendet werden, um wiederkehrende Muster auszunutzen. Ein Double Top und ein Double Bottom sind beides Trendumkehrmuster.

Ein **Double Bottom** tritt in der Regel nach einem starken Abwärtstrend auf und zeigt an, dass ein Aufwärtstrend bevorstehen könnte. Die "Bottoms" sind Täler, die sich bilden, wenn der Kurs auf ein bestimmtes Unterstützungslevel trifft, das nicht durchbrochen werden kann. Nachdem er dieses Level erreicht hat, prallt der Preis leicht davon ab, bevor er zurückkehrt, um das Level erneut zu testen. Wenn der Kurs ein zweites Mal von der Unterstützung abprallt, dann haben Sie eine Double Bottom-Formation. Wenn der zweite Bottom das Tief des ersten nicht brechen kann, dann ist das ein starkes Signal, dass eine Umkehrung stattfinden wird. Eine "Neckline" wird auf dem Hoch zwischen den beiden "Bottoms" gezogen. Bei einem Double Bottom könnten Sie daran denken, Ihren Long-Einstiegsauftrag (Kauf) oberhalb der "Neckline" zu platzieren, weil Sie erwarten, dass sich der Trend nach oben ändert.

Ein **Double Top** bildet sich normalerweise nach einem ausgedehnten Aufwärtstrend und zeigt an, dass ein Abwärtstrend bevorstehen könnte. Die "Tops" sind Spitzen, die sich bilden, wenn der Preis auf ein bestimmtes Widerstandsniveau trifft, das nicht durchbrochen werden kann. Nachdem er dieses Niveau erreicht hat, prallt der Preis leicht davon ab, kehrt dann aber zurück, um das Niveau erneut zu testen. Wenn der Preis wieder von diesem Niveau abprallt, dann haben Sie ein Double Top. Wenn das zweite Top das Hoch des ersten Tops nicht brechen kann, dann ist dies ein starkes Signal, dass eine Umkehrung stattfinden wird. Eine "Neckline" wird am Tiefpunkt zwischen den beiden " Tops " gezogen. Bei einem Double Top könnten Sie daran denken, Ihren Short (Verkaufs-) Einstiegsauftrag unterhalb der "Neckline" zu platzieren, da Sie eine Trendwende nach unten erwarten.

Ihre nächsten Schritte

Bevor Sie eintauchen, könnten Sie sich auch etwas mehr mithilfe eines Online-Kurses vorbereiten. Hierbei kann ich Ihnen meine Kurse bei (gcmsonline.info) empfehlen oder sie sprechen einfach mit einem vertrauenswürdigen Berater. Ich warne Sie vor der Verwendung von einigen der Online-Krypto-Foren. Die meisten sind ohne jede Art von echter Aufsicht. Nur ein Blick auf einige der großen, die auf den wichtigsten sozialen Netzwerken verfügbar sind, zeigt wie absolut erschreckend einige Antworten auf die Fragen der Mitglieder sind.

Über die letzten Monate wurde sich das Vertrauen in die Krypto-Märkte erschüttert, vor allem bei denjenigen, die im Dezember 2017 gekauft hatten, nur um nur zu sehen, wie ihre Konten implodierten. Ich habe ein paar in meinen Klassen getroffen und ich werde mit Ihnen teilen, was ich ihnen zusammen mit einigen Diagrammen erklärte: Wenn Sie langfristig denken, dann nehmen Sie einen tiefen Atemzug und lassen Sie die Dinge sich selbst ausspielen. Eine Menge von dem, was wir jetzt erleben, wurde schon einmal in den Kryptomärkten gesehen.

Bitcoin und Kryptowährungen haben sich weit von den Tagen entfernt, als sie nur mit Kriminellen in Verbindung gebracht wurden. Jetzt gibt es sowohl ein breiteres als auch positiveres öffentliches Bewusstsein. Bitcoin-Futures-Transaktionen werden sogar von namhaften Wall-Street-Firmen abgewickelt, etwas, das vor nicht allzu langer Zeit noch belächelt worden wäre. Damit der Fortschritt so weitergeht, wie ich es erklärt habe, braucht es weniger Hype, mehr relevante Regulierungen und mehr Sicherheit plus Transparenz seitens der Börsen. Diese Vorschläge werden meiner Meinung nach dafür sorgen, dass Kryptowährungen als Anlageklasse über die Phase des Early Adopters hinauswachsen.

Fazit

Danke, dass Sie es bis zum Ende von *Das nächste Level der Kryptowährung Investition* geschafft haben. Ich hoffe, dass es informativ war und ich in der Lage war, Sie mit einigen zusätzlichen Tools zu versorgen, die Ihnen helfen werden, Ihre Handels- oder Investitionsziele zu erreichen. Ihr nächster Schritt ist es, aktiv zu werden. Richten Sie ein Demokonto bei Ihrem bevorzugten Handelsanbieter ein und testen Sie Ihre Strategien, bis Sie die Ergebnisse erzielen, die Sie sehen wollen, bevor Sie ein Live-Konto eröffnen.

Meine anderen Bücher, die sich als hilfreich für Trader und Investoren erwiesen haben, sind: *Fortgeschrittene technische Analyse für Forex* und *Expert Advisor Programming for Beginners: Maximum MT4 Forex Profit Strategies.*

Eine Vorschau aus meinem nächsten Buch: Algorithmische Handelsgrundlagen für Krypto

Algorithmischer Handel (Algos) ist bekannt im Handel mit traditionellen Anlageklassen wie Aktien, Rohstoffen und Forex, aber nicht so sehr mit Kryptowährungen.

Für diejenigen, die mit Algos nicht vertraut sind, hier eine kurze Auffrischung. Ein Algo umfasst in der Regel die folgenden Komponenten: Einstiegssignal, Zeitintervall, Größe der Position, Ausstiegssignal und einen Bewertungsmaßstab, um Ihren Erfolg oder Mangel daran zu messen. Typischerweise beinhaltet ein Algo auch ein gewisses Maß an Data Mining, das Backtesting einschließt. Die Falle beim Backtesting ist, dass manche zu weit zurückgehen. In der Tat ist dies einer der Hauptgründe, warum viele Algos scheitern, da die Person oder das Team dahinter zu lange braucht, um auf den Markt zu gehen. Die Realität ist, dass sich die Marktbedingungen regelmäßig ändern. Zum Beispiel könnten viele Ihrer Backtest-Ergebnisse im Forex wegen einer unerwarteten Zinsänderung einer Zentralbank plötzlich nutzlos werden.

Wesentliches Bitcoin Krypto-Vokabular

Blockchain: Ist ein **öffentlicher** Datensatz/Ledger von Bitcoin-Transaktionen in chronologischer Reihenfolge. Die Blockchain wird von allen Bitcoin-Nutzern geteilt. Sie wird verwendet, um die Dauerhaftigkeit von Bitcoin-Transaktionen zu verifizieren und um Doppelausführungen zu verhindern.

Block: Ist ein Datensatz in der Blockchain, der wartende Transaktionen enthält und bestätigt. Im Durchschnitt wird etwa alle 10 Minuten ein neuer Block mit Transaktionen durch Mining in der Blockchain erstellt.

Genesis Block: Dies ist der allererste Block, der erstellt wurde und ist der Beginn der Blockchain.

Hash Rate: Ist die Maßeinheit für die Rechenleistung des Bitcoin-Netzwerks. Das Bitcoin-Netzwerk muss zu Sicherheitszwecken intensive mathematische Operationen durchführen. Als das Netzwerk eine Hash-Rate von 10 Th/s erreichte, bedeutete dies, dass es 10 Billionen Berechnungen pro Sekunde durchführen konnte.

Mining: Ist der Prozess, bei dem Computerhardware mathematische Berechnungen für das Bitcoin-Netzwerk durchführt, um Transaktionen zu bestätigen und die Sicherheit zu erhöhen. Als Belohnung für ihre Dienste können Bitcoin-Miner Transaktionsgebühren für die Transaktionen, die sie bestätigen, zusammen mit neu erstellten Bitcoins sammeln. Mining ist spezialisiert und wettbewerbsfähig, die Belohnungen werden danach aufgeteilt, wie viele Berechnungen durchgeführt werden.

Confirmation: Eine Confirmation bedeutet, dass eine Transaktion vom Netzwerk verarbeitet wurde und mit hoher Wahrscheinlichkeit nicht rückgängig gemacht werden kann. Transaktionen erhalten eine Bestätigung, wenn sie in einen Block aufgenommen werden und damit auch für jeden nachfolgenden Block. Bereits eine einzige Confirmation kann bei Transaktionen mit geringem Wert als sicher angesehen werden, bei größeren Beträgen wie 1.000 USD ist es jedoch sinnvoll, mehrere Confirmations abzuwarten.

Double Spend: Wenn ein böswilliger Benutzer versucht, seine Bitcoins an zwei verschiedene Empfänger gleichzeitig auszugeben, handelt es sich um Double Spending. Bitcoin-Mining und die Blockchain sind dazu da, einen Konsens im Netzwerk darüber zu schaffen, welche der beiden Transaktionen bestätigt und als gültig angesehen wird.

Air Drop: Airdrop ist der Prozess, bei dem ein Kryptowährungsunternehmen Kryptowährungstoken kostenlos an die Wallets einiger Benutzer verteilt. Airdrops werden normalerweise von Blockchain-Startups durchgeführt, um ihre Projekte zu boosten.

Private Key: Ist ein geheimer Datensatz, der Ihr Recht, Bitcoins von einer bestimmten Wallet auszugeben, durch eine kryptografische Signatur nachweist. Ihre privaten Schlüssel sind auf Ihrem Computer gespeichert, wenn Sie eine Software-Wallet verwenden; sie sind auf einigen Remote-Servern gespeichert, wenn Sie eine Web-Wallet verwenden. Private Schlüssel dürfen niemals preisgegeben werden, da sie Ihnen erlauben, Bitcoins für ihre jeweilige Bitcoin-Wallet auszugeben.

Signature: Eine kryptographische Signatur ist ein mathematischer Mechanismus, der es jemandem erlaubt, den Besitz zu beweisen. Im Fall von Bitcoin sind eine Bitcoin-Wallet und ihr(e) privater Schlüssel durch mathematische Magie miteinander verbunden. Wenn Ihre Bitcoin-

Software eine Transaktion mit dem entsprechenden privaten Schlüssel signiert, kann das gesamte Netzwerk sehen, dass die Signatur mit den ausgegebenen Bitcoins übereinstimmt. Es gibt jedoch keine Möglichkeit für die Außenwelt, Ihren privaten Schlüssel zu erraten, um Ihre Bitcoins zu stehlen.

Wallet: Eine Bitcoin-Wallet ist grob gesagt das Äquivalent einer physischen Brieftasche im Bitcoin-Netzwerk. Die Wallet enthält Ihren privaten Schlüssel, mit dem Sie die Bitcoins ausgeben können, die ihr in der Blockchain zugewiesen sind. Jede Bitcoin-Wallet kann Ihnen den Gesamtsaldo aller Bitcoins, die sie kontrolliert, anzeigen und lässt Sie einen Betrag an eine bestimmte Person auszahlen.

Cold Storage: Dies ist der Prozess des Verschiebens Ihrer Bitcoins in eine Offline-Wallet. Das hat den Vorteil, dass sich niemand in Ihren Computer hacken und Ihre privaten Schlüssel stehlen kann, da Ihre Wallet nicht mit einem Netzwerk verbunden ist. Bitcoins müssen wieder aus dem Cold Storage geholt werden, um wieder ausgegeben oder übertragen zu werden.

Fungibility: Ist die Eigenschaft eines Gutes oder einer Ware, deren einzelne Einheiten austauschbar sind. Da z. B. ein Kilo reines Gold jedem anderen Kilo reinen Goldes gleichwertig ist, sei es in Form von Münzen oder in anderen Zuständen, ist Gold fungibel. Andere fungible Waren sind Rohöl, Aktien, Anleihen und Währungen. Ein Diamant ist es nicht, da jeder einzigartig ist.

Address: Eine Bitcoin-Adresse ist eine eindeutige Zeichenfolge aus 27–34 alphanumerischen Zeichen. Eine Adresse kann mit Hilfe einer Wallet frei erstellt werden und beginnt immer mit einer 1 oder einer 3.

Alternative Währungen (Altcoins): Die vielen verschiedenen alternativen Währungen, die auf der Grundlage der Idee und/oder des Grundcodes von

Bitcoin entstanden sind. Ein paar der bemerkenswerteren sind Litecoin, IOTA und Ripple.

Fork: Ein "Fork" ist eine Änderung an der Software einer digitalen Währung, die zwei getrennte Versionen der Blockchain mit einer gemeinsamen Geschichte erzeugt. Forks können temporär sein oder sie können eine permanente Spaltung im Netzwerk sein, die zwei getrennte Versionen der Blockchain erzeugt. Wenn dies geschieht, werden auch zwei verschiedene digitale Währungen erstellt.

DDOS: Kurz für "Distributed Denial of Service". Eine gut getimte DDoS-Attacke auf Börsen während volatiler Bewegungen kann verheerend sein, da Händler nicht in der Lage sind, eine Order manuell auszuführen und ihren voreingestellten Orders ausgeliefert sind.

ERC20: Ein technischer Standard, der für Smart Contracts auf der Ethereum-Blockchain zur Implementierung von Token verwendet wird. *ERC* steht für *Ethereum Request for Comment*, und *20* ist die Nummer, die dieser Anfrage zugewiesen wurde.

ERC20 definiert eine gemeinsame Liste von Regeln für Ethereum-Token, die innerhalb des größeren Ethereum-Ökosystems befolgt werden müssen, so dass Entwickler die Interaktion zwischen Token genau vorhersagen können.

Profil des Autors

Wayne Walker ist der Direktor einer globalen Kapitalmarktbildungs-
und Beratungsfirma (gcmsonline.info). Er hat mehrere Jahre Erfahrung
in der Führung und im Coaching von Teams von Anlageberatern und
hat in der Privatkundengruppe auf der Grundlage von Benchmark
Earnings (BME) Teams mit Spitzenleistungen geleitet.